William Penn

Beschreibung der in Amerika neu-erfundenen Provinz

Pensylvania

Derer Einwohner, Gesetz, Art, Sitten und Gebrauch

William Penn

Beschreibung der in Amerika neu-erfundenen Provinz Pensylvania
Derer Einwohner, Gesetz, Art, Sitten und Gebrauch

ISBN/EAN: 9783743606937

Hergestellt in Europa, USA, Kanada, Australien, Japan

Cover: Foto ©Andreas Hilbeck / pixelio.de

Weitere Bücher finden Sie auf **www.hansebooks.com**

Beschreibung

Der in AMERICA neu-erfundenen

PROVINZ

PENSYLVANIEN.

Derer Inwohner / Gesetz / Arth / Sit-
ten und Gebrauch:

Auch sämtlicher Reviren des Landes /

Sonderlich der Haupt-Stadt

PHILA-DELPHIA

Alles glaubwurdigst
Auß des Gouverneurs darinnen erstatteten

Nachricht.

In Verlegung bey Henrich Heuß an der Banco/
im Jahr 1684.

I.

ABRIS der Stadt
in der PR.
PENSYLVANI

Es feind zwanzig ftraaßen in der länge der ftadt, und acht in der breite. die hö.
ftraaßen iede hundert fuß. Die fünffhundert äcker gekauft, legen
de la ware, oder ans Suyl-kill, und iedes erbe hat einen acker. d
iede hundert äcker auff dem ftadtgrunde, und 400 auf dem
weniger gekauft haben, nehmen ihr loß in der hohen ftraaß
noch weniger als hundert äcker gekauft, haben ihren platz in

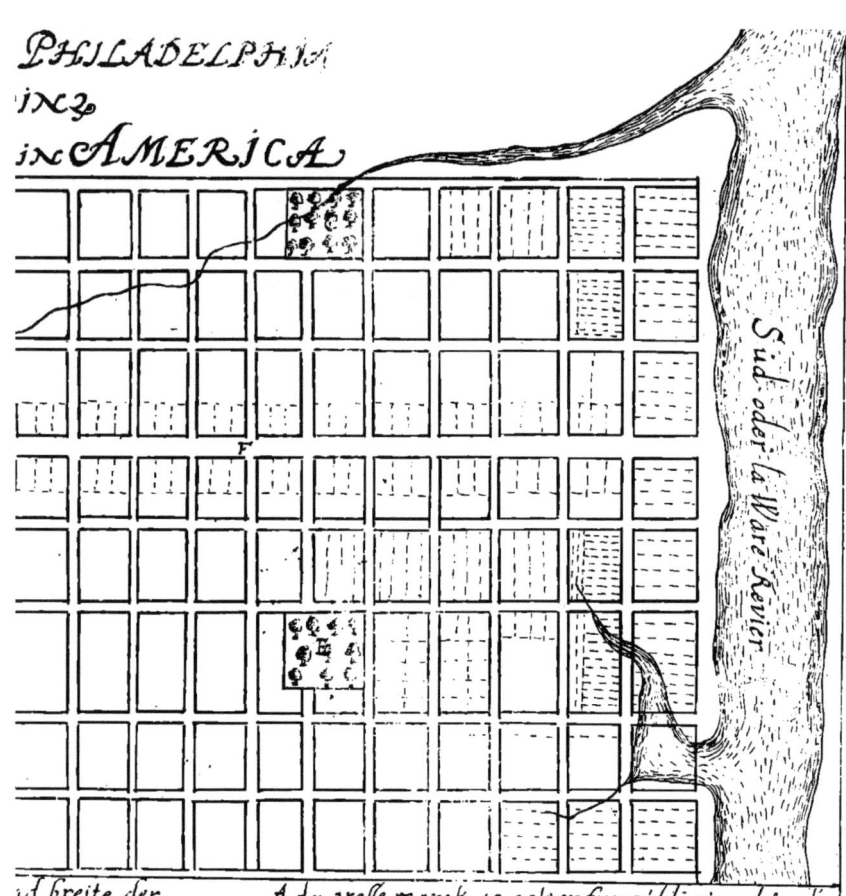

PHILADELPHIA

in

in AMERICA

Sud oder la Ware Revier

id breite der
an die seiten
haben sie

A der grosse marck, so acker fur publiqui gebäude
B. acht äcker mit bäumen und spatziergangen
C. acht äcker mit bäumen und bleichfeldern
D. noch acht äcker mit bäumen und bleichfeldern

§.(1.)§

Send-Schreiben vom William Penn/ Eigenthümer und Stadthalter zu Pensilvania in America; geschrieben an die Commissarien der frryen Societät der Kauffleute auf selbiger Provintz/ welche sich in London auffhalten.

1.

Ine allgemeine Beschreibung der obbenandten Provintz/ nemblich ihrer Grund/ lufft/ Wasser/ Zeitungen des Jahres/ in herfürbringung der Früchte/ so wohl auß der Natur/ als durch den Bau/ neben der grossen Menge und Uberfluß/ welche das Land daselbst bringet/ insonderheit (NB.) wird man Nachricht finden/ wegen etlicher Juden/ die von denen verlohrnen zehen Stämmen übergeblieben sind.

2. Wie auch von den Ingebohrnen dieses Landes/ ihrer Sprache/ Gewohnheit/ und Manieren/ ihre Speisen/ Häusern oder Hütten/ von ihrer Wildheit/ bequämen Art zu leben/ Artzneyen: von ihren Begräbnüssen/ Gottesdienst/ Opffern und Gesängen/ von ihren hohen Fest-Tagen/ Regierungen/ und Ordnung in ihren Rath; wann sie mit jemand handlen/ in Verkauffung der Ländereyen/ic. zugleich von ihren rechtlichen Verfahren wieder die Ubelthäter.

3. Endlich ein Bericht von denen Holländern als ersten Bewohnern dieses Landes ic. und von dem jetzigen Zustand und wollbestelten guten Ordnungen in dieser Provintz/ und Gericht daselbst.

4. Wobey noch eine Beschreibung von ihrer Haupt-Stadt Philadelphia angeführet/ welche ohnlängst angeleget/ und liegt zwischen zwey Schiffreich? Flüssen und Rivieren/ nemblich Delaware und Schuylkil/ und eine Erzehlung von dem guten und sehr wolfortgehenden Handel/ wie auch vortheilhafftigen Zustand der Sachen/ ansehnlichen Societät dieser Stadt und Provintz/ ic.

Erstlich in Englischer Sprache beschrieben/ nachmahls auß der Holländischen in der Hochdeutschen Sprache übergesetzet.
durch J. W.

HAMBURG.
Bey Henrich Heusch in Jahr 1684.

An den Leser.

Freundlicher Leser!

Weil der vorige kurtze Begriff von der Provintz Pansylvania, so im Jahr 1681. gedruckt worden/nicht wohl zu finden ist: und mir nun ein näherer Bericht/ von dem Gouverneur (Stadthalter) selbsten/aus gemelten Lande geschrieben/ woselbst er nunmehro bereits über die 15. Monat gewohnet hat/ zur Hand gekommen / so habe ich auch (weil man so viel in meinem Hause nach dem vorigen Tractat gefraget hat) für gut befunden/dieses von dem Gouverneur, dem Buchdrucker in Händen zu geben/ seinen Vortheil damit zu machen ; Und zu dem Ende / daß alle die jenige / welche fernern Unterricht von dem Zustand gemelter Landschafft suchen/ darauß können unterrichtet werden. Denn weil darin nicht ein Wort gesaget wird/ auf was Art und Condition der Gouverneur sein Land jetzund überläst/ auch nichts von den Gesetzen / so habe ich für nothwendig erachtet/euch etwas Unterricht darvon zu geben.

An die Käuffer.

Denenselbigen verkaufft er 3000. Acker Lands (ein Engelischer Acker aber ist wol so groß als ein Holländischer) für 100. Pfund Sterlings: mit behaltung einer ewigen Erbpacht darauff/ jährlich auf jedes hundert Acker/ einen Engelischen Schilling/ welche 100. Pfund Sterlings alhier bezahlet werden/ gegen Empfahung eines Scheines/ und das Land soll dem Käuffer außgesetzet und zugemessen werden/ durchs Loß/ das sie oder jemand von ihrentwegen/ so darzu geschickt/ dasselbige fördern können. Nach dieser Außsetzung ist der Käuffer gehalten/ in Zeit dreyer Jahren/ auf jede 1000. Acker des Landes/ ein Haußgesinde daselbst zu bestellen/ oder im mangel dessen (auf das die Menschen nicht zu weit von einander möchten wohnen) so ferne jemand anders/ der neulich ankömpt/ das getheilte Land so noch nicht bewohnet/ begehrte/ (mit Bezahlung des Meeß-Lohns dem ersten Käuffer/ welches er dem Landmesser hat bezahlet) und soll im protocol von dem Nahmen des
erstE

erſten Käuffers ab- und auf den Nahmen deſſen / der es bewohnen will/
wie es bedungen/ wiederumb geſchrieben werden / und dem erſten Käuffer ſoll zu allen Zeiten/ wenn er es begehret/ ſo viel höher hinauff ein Platz
darvon angewieſen werden. Ferner wird mit dem Land / dem Käuffer
die Gerechtigkeit zu fiſchen /jagen / ſchieſſen übergelaſſen / und zu denen
Minern oder Bergwercken/ die in jedem Lande gefunden werden / außgenommen die Silber- und Gold-Minern, wovon ſie nur ihr gewiſſes Antheil
haben. Die Urſache/ warumb der Preiß nun erhöhet iſt/ oder vielmehr/
das die vielheit der Aecker umb vorigen Preiß vermindert/ von 5000. zu
3000. wird der Leſer in der Beſchreibung ſelbſt finden /. §. XXIII. und auſ-
fer zweiffel billig urtheilen/ den es muß der Gouverneur ſelbſt an die
Indianer ſo viel für 2. Meilen ihres Landes bezahlen/ als vor dieſem für
20. Meilen/ derowegen iſt es nicht unbillig / daß er den Preiß erhöhet :
Er hat mir ſchon für ein Jahr geſchrieben/ daß/ nachdem er alda gekommen/
das Land anders befunden hette/ als er ſich eingebildet/ deßwegen ich hinfüh-
ro nicht mehr als 3000. Acker für 100. Pfund Sterling geben ſolte. Den
weil er mir die Urſache davon nicht ſonderlich geſchrieben/ ſo habe ich erſtlich mit ihm dieſer Sach en wegen einen Brieff gewechſelt/ in Hoffnung ihn
davon abzubringen / nun er aber/ mir ſo ſattſahme Urſachen hat gegeben/
muß ich ihm darin beyfallen und gleich geben.

Dieſes habe ich für Nothwendig erachtet / bekant und offenbahr zu
machen/ zu dem Ende/ das niemand/ der den vorigen Bericht lieſet/ ſich deßwegen gefaſt machen/ noch ſich ſelbſt in ſeiner Rechnung betriegen möchte.

An die Heurlinge.

Enen/ die Geldes genüg haben/ umb ihr Frau/
Kinder und Dienſtboten/ dahin zu bringen / und ſich darnieder zu
laſſen/ aber kein Geld ſparen können / Land zu kauffen/ gibt der
Gouverneur vollenkommene Freyheit / das jedes Haupt/ es ſey Mann/
Frau / Kind/ oder Dienſtboten/ die 16 Jahr alt ſein / ſo Acker / gegen einer ewigen Erb-Pacht eines Engeliſchen Penn Jährlich für jedem Acker/
(daß iſt weniger als ein Holländiſcher Stuiver) welche Erb-Pacht ihnen
ſo viel gelten ſoll/ als hetten ſie das Land für ſich und ihren Erben ewig ge-
kaufft:

A 2   An

An die Kinder und Dienstboten.

Enn sie ihre bestimbte Jahre außgedienet haben/ umb dieselben auffzumuntern/ihren respectivè Eltern/Herrn und Frauen/treulich zu dienen/gibt er deßgleichen völlige Freyheit vor einem jeden unter Ihnen auffzunehmen 50. Acker/für sich und ihren Erben zu ewigen Zeiten / gegen der geringen Erbverpachtung des Jahrs für die sämbtliche 50. Acker / nur zwey Engelische Schillinge/das ist weniger als ein halber Stüver jährlich vor jedem Acker / wodurch (nachdem sie eine gute Anzahl dieser Acker bepflüget haben) sie so wol als ihre Herrn und Eltern/ solten gehalten werden/als freye Landsassen/und frey sein zu stimmen/ nicht nur in Erwehlung der Obrigkeit/in den Plätzen/wo sie wohnen / sondern auch in Erwehlung der Glieder des Landt-Rahts/und eine allgemeine Versamblunge/ die mit dem Gouverneur allda/die hohe Regierung und Herrschafft machen/ja was noch mehr ist/so sollen sie selbst zu einige Aembter erwehlet werden/worzu sie bey der Gemeine/wo sie wohnen/ tüchtig befunden werden/und solches ohns einiges Absehen zunehmen/ von was Nation und Religion dieselbige auch sein mögen.

Ferner von den Gesetzen/ und Vergönstigungen / so bey dem Gouverneur verstattet/und bey ihm/und dem Land-Rath/auch bey der allgemeinen Versamblung festi gestellet / so sind diese nach= folgende unter vielen andern von weniger Importantz, bereit vorgefallen und kund gemacht.

1.

Je Glieder der zwo höchsten Collegien, nemblich des Land-Rahts/und der gemeinen Versamblung/welche alle Jahr auff einen gewissen bestimbten Tag/ohne daß sie einiger Beruffung/ von dem Gouverneur darzu von nöhten haben/werden bey der Gemeine erwehlet/die Bürger in den Städten/und die freye Landsassen auff dem flahem Lande/nach dem loß: Also daß die Einwohner keine andere hohe Obrigkeit können haben/als die sie selber freywillig erwehlen/und daß auff solche Weise/
daß

daß die/welche erwehlet oder verworffen werden/unmüglich können wissen/ wer für oder wieder sie gestimmet hat; Wodurch alle unzuläßige Eintauffung durch Geld/wie auch heimliche Feindschaffe/der Abgesetzten/gehindert werden. Und hat jemand dieß Jahr über/sich übel verhalten/ so kan man bey der nechsten Wahl einen bessern erwehlen.

2. Ohne Bewilligung des zwey drittels dieses Collegij, kan niemahls einige Schätzung/ Accis, Außgabe/oder einige Art von Auflagen auff die Gemeine geleget werden.

3. Umb viele Processen, welche zum Ruin und Verderben einer nahrigen Gemein zielen/ so viel müglich zu verhindern und zu wehren/ so ist da ein Protocoll, in welchem nicht nur allein alle feste unbewegliche Güter angezeichnet werden/ unterpfände und Haur-Zettel / so länger als auff ein Jahr sich erstrecken/und hinaußlauffen/ sondern auch alle Obligations und Verschreibungen/auch Brieffe so höher als auff 50. Gülden sich belauffen/ und länger als drey Monath/wodurch fast unendlichen Processen kan vorgekommen werden. Auch zu verhindern / das Niemand Nützen darauß machen könne/so er die Leute durch Processen an einander hetze/so werden alle Advocati, Procuratores, und Klager/welche Geld für ihre Dienste fordern/biß mit gehemmet.

4. Umb zu hindern das keine Secte, ihr Haubt über die andere erhebe/ umb einige öffentliche Plätze und Besoldung / welches die eine über die andere möchte heben/auß dem Gelde der Gemeinen Einkünfften der Kammer/ welches von allen Einwohnern/ ohne Unterscheide einkompt. So soll da keine Haubt-Kirche eingeführet werden/ an welcher Versamblung oder Prediger/ Niemand soll angestrenget oder gezwungen sein etwas zugeben.

5. Und zu dem Ende/ das ein jeder die Freyheit des Gewissens geniessen möge/welche alle Sanfftmütige und Friedfertige Menschen haben solten/ und von Natur gebühret. So ist fest beschlossen / nicht allein/ das Niemand soll gezwungen werden/ umb einigen öffentlichen Ubungen des GOttes-Dienstes beyzuwohnen: sondern sie sollen selber volle Freyheit haben/ihren eigenen GOttes-Dienst öffentlich zu üben / ohne daß dieselbige einiger massen/ über ihre Übung/oder wegen ihren meinungen von dem Glauben/ oder von der Religion, sollen verunruhiget oder beschädiget werden/ wann dieselben nur bekennen und profession machen von dem Glauben / daß ein einiger Allmächtiger/ Ewiger GOtt/ welcher ein Schöpffer/ Unterhalter/ und Regierer der Welt sey. Und das sie wegen ihres Gewissens schuldig

und

und verpflicht seyn / Friedsamlich in der Burgerlichen Gemeine zu wohnen.

6. Zum abwenden und verhüten/ alles dessen/ welches verursachen und anlaß geben möchte/ ûmb das Volck zur [Eiteikeit/ Leichtfertigkeit/ Frech-und Kühnheit / Gottlosigkeit / und zu einem lästerlichen Leben zu bringen/ und verleiten/ zu entheiligung des Nahmens GOttes; So werden dabey gewisse Straffen (welche mit gestrengigkeit an denen Verbrechern sollen vollenzogen werden) verboten/ alle Wette-Spielen / Comædien, Doppelen/ Kartenspielen / vermummungen/ alles Fluchen / Schweren und Liegen/ oder falsch Gezeugnüß geben / (weil der Eyd da nicht erlaubet ist/) alles faule geschwätz und schändliche Reden/ Blutschande / Sodomiterey, Hurerey/ Verrätherey/ Hoffart in Kleidern/ Meuterey/ Auffruhr/ Mord/ Duelliren, Dieberey/ Gesundheiten und Vollsauffen / und dergleichen übel / anstehentlichen sitten mehr: als welche ich gut befunden habe alhier zu erkennen zu geben/ zu dem Ende / daß alle gute und frommen Leute/ die ihre Lust und zuneigung dar zu haben/ destomehr sollen auffgemuntert werden/ dahin zu ziehen/ und daß die andern ihnen selbst nicht mögen einbilden / daß sie in allen denen Lasteren frey / daselbst Leben mögen.

7. Zu dem Ende daß alle Rauff-Leute/ welche auff gemelter Provintz zu Handlen willens sey/ davon nicht sollen [abgeschrecket und zurück gehalten werden/ auß Furcht wie ich wol gehöret habe/ daß man über die Colonien oder neubewohnte Länder inß gemein klaget / daß man allda kein gut Recht solte üben/ so ist daß daselbst beschlossen/ daß/ so jemand befunden wird/ der seinen Principalen betrogen und zu nahe gethan hat/ nicht allein soll Condemniret werden daß selbige zu bezahlen/ sondern noch darüber zur Straffe seines betrieglichen Handels/ in ein Drittheil mehr für seinem Principalen, welchen den Factorn bestellet hat. Und daß bey absterben einiger Factorn die Deputirte des Handlungs und Commercien Collegii, sorge tragen sollen / das daß jenige was er unter ihm gehabt hat/ und dem Principalen zugehöret/ vor ihnen versichert und verwahret werden möge.

In betrachtung besser vermeine ich daß der Leser keines weges sich verwundern soll/ über daß jenige/ was ein gewisser Niederländer von dannen Schreibt: nemblich / das über allen andern Seegen womit vor besagtes Land Gesegnet ist / die gute Regierung/ Gesetze und Ordnunge die da seyn/ geben nicht allein euch guten Muth denen Leuten / welche sich bereits allda

zu

zu Wohnen niedergelassen haben / sondern muntert anderwerts die Leute auff / und locket die menschen von allen Ländern auß America , umb da zu wohnen / gleich wie albereits auß Barbados, Virginia, Marien-Land New-Engelland etc. viele gekommen seyn / und daß er GOtt dancket / daß er ihn alldahat kommen lassen / nichte anders verhoffende / daferne andere Leute auch da kommen / in einem vergnügtem Geist / zu ihrem selbst Vergnügen / mit Ursach haben sollen GOtt für seine Gnade zu dancken. Es sind nach diesem / andere Brieffe in Engelland angekommen von dem Gouverneur , de dato tem 10. Novemb. 1633. Holländischen Styli, welche den schleunigen Fortgang und Auffnehmen dieser Provinz zu verstehen geben / und daß daselbst in dem Monath 5. Schiffe / wären angekommen / unter welchen / das / worauff so viele Leute von Crevelt, und denen umbliegenden Plätzen in Meurslandt / eines ist / womit abbrechend ich verbleibe.

Ewer zugeneigter Freund.

Rotterdam den 6. des
3ten Monaths /
1684.

Benjamin Furlij

Sende

Sende-Schreiben von Willi-
am Penn/ Eygenthümer und Gouverneur von
Penſylvania.

Eine werthe Freunde/ ewere Wollgewogenheit/
die ihr bezeuget in euwern Schreiben/ welches ihr bey das Schiff
genant Thomas und Anna, mir geſandt habt/ verpflichtet mich
ſehr/die weil ich auß demſelben mercke/wieviel Ew. Liebdl. meine Geſund-
heit und reputation ihr läſſet angelegen ſeyn/wie auch das glückliche Begin-
nen dieſer Provinz/ von welcher ihr gut zu gedencken habt/daß meiner Ge-
ſundheit und Ehre ſehr viel an der glücklichen Einrichtung und auffnehmen
dieſer Provinz gelegen ſey/zur Vergeltung deſſen ſende ich euch einen langen
Brief/welcher doch eben woll eine ſo gute und kurtze Rechenſchafft von mir/
und von denen Sachen und Umbſtänden dieſer Provinz in ſich hält/als ich
auffs Papier davon habe ſtellen können.

Und erſtlich; ſo nehme ich in acht die newen Zeitungen/die ihr mir zu-
ſendet/worauß ich verſtehe/das einige Perſonen geweſen ſeyn von ſo kleinen
Begriff und Verſtand/ und ſo groſſer Boßheit/welche außgebracht haben/
wie daß ich nicht allein todt/ſondern daß ich als ein Jeſuit geſtorben wäre.
Mann ſolte billig gehoffet haben/daß meine itzige fernere Abgelegenheit ſolte
dem Todt gleich geweſen ſeyn/und als eine gnugſahme Protectio und Schutz
wieder Verdruß und Neidt; den warlich/weil die Abweſenheit eine gewiſſe
Art eines Todes iſt/ ſo ſolte dieſelbe ſowoll denNahmen des Abweſenden/als
des Todten billig beſchirmen: weil ſie als Abweſende / ſo wenig ſich ſelbſt können vertheidigen und beſchirmen als der Todt ſelbſt: dann/die Jenige/welche
Boßheit vorhaben/ſind nicht gewohner guteRegulen oder Mitteln zufolgz/
und denenſelben nachzuleben.   Weiter ſo lebe ich noch zum Verdruß und
Schande der Läſterer umb Schmäher/ ohne ein Jeſuit zu ſeyn)in guterGe-
ſundheit/wofür GOtt ſey gelobet.   Und ich meine/ daß ich ſchlieſſen mö-
ge/ohne dem Authori undAnfänger dieſes Gerüchts unrecht zu thun/daß die
jenige welche muthwillig ſolche falſche Zeitung anßgeſtreuet haben / frohe
ſolten geweſen ſein/ daß es alſo wäre wahr geweſen: aber ich ſehe daß man

Unſer.

unterschiedliche närrische Gerüchte erdichtet hat/zeithero meiner Abreise auß Engelland/welche vielleicht itzund/ so wenig leben / als ich todt bin: Und gleichwie ich durch einige / die ich hinterlassen habe/übel tractiret worden / also habe ich Liebe und respect genug allhier wiedergefunden/da ich empfangen bin mit allgemeinen freundlichen Willkommen von unterschiedlichen Völckern von jedem nach seiner Weise. Dann hier seyn Menschen von unterschiedlichen Nationen, so wohl als Religion, ja die Inbehohrne des Landes haben nichts unterlassen/den Ihre Könige/Königinnen/und Grosse sind gekommen mich zu besuchen/und haben mir Verehrung gethan/welches ich gebührlich habe vergolten.

Was nun dieses Land belanget/so ist der gemeine Zustandt/dessen wie folget.

I. Das Land an sich selbst nach seinem Grund/Lufft / Wasser/Zeiten des Jahres/und Gewächs/es sey auß der Natur oder von bawen/ ist keines Weges zu verachten; das Land hält in sich unterschiedene Arten Erden/als Sand/beydes gelb und schwartz / mager und fett/ auch sand und steinichte Gründe/beyde mittelte und Staub gemenget/üb an einigen Oerthern eine fette Erde/nicht ungleich dem besten Töpfer thon/in Engelland: für nehmblich an den Seiten der Inländischen Flüssen und Rivieren. GOtt der Herr hat in seiner Weißheit die Sachen dieses Landes also geordnet/das der Nutz und Vortheil davon vertheilet ist / den die Ländereyen welche Landwärts einliegen/insgemein woll dreymahl so gut und reich seyn/als die / welche auff der grossen und schiffreichen riviere liegen. Da ist auch viel Land von einer andern Art/ das ist von einer Haselnuß schwartzen Erden/ auff einem steinichtem und felsichten Boden.

II. Die Lufft ist frisch und klar/der Himmel heller als die südlichste Theilen von Franckreich / sehr selten überzogen: und so der Wald/durch die Menge der Menschen solte weggenommen werden/ würde die Lufft sonder Zweiffel sich selbst noch mehr saubern.

III. Die Wässer sind ins gemein sehr gut/ den die Revieren und Flüsse haben mehrentheils sandsteinigte und steinerne Gründe/ und seyn an der Zahl unglaublich viel. Man findet auch da eine grosse halbe Stunde gehents von Philadelphia, Mineralische Wasser/ die zur Artzeney sehr dienlich sein/ und wircken gleich als die Wässer/ nicht weit von Londen zu Barnet und Noordhal.

IV. Was die zeiten des Jahres betrift/ dieweil ich nun durch Göttlicher

B

licher Gnade und gütigkeit/ alhier die allerkälteste und die aller heisseste
Zeit belebet habe/ die der älteste dieser Provintz gedencken kan/ so will ich
also davon sprechen / daß meine Landes-Leuten mich sollen verstehen
können.

Erstlich will Ich von dem Nachjahr anfangen/ den darin bin ich alhier angekommen/ und habe von dem 24 October biß zum anfang des
Monaths Decembris, also befunden/ wie wir es gemeiniglich in Engelland haben/ in September, oder viel mehr gleich als ein gelind Vorjahr
in Engelland. Von December biß zum anfang des Monaths Martii,
haben wir scharf und frostig Wetter gehabt: doch nicht mit einer Neb-
lichten dicken und schwartzen Lufft/ wie es unsere Nord-Osten Winden in
Engelland machen / sondern der Himmel so schön als im Sommer/ und
die Lufft Kalt/ Trucken/durchbringend und Hungerig machend/ dennoch
so errinnere ich mich nicht/ daß ich zu einiger Zeit mehr Kleider habe
angezogen/ als in Engelland. Die Ursache dieser Kälte sagt man seyn
die grosse Meere / die auß denen Flüssen von Canada entstehen.

Der Winter ist vor diesem so gelinde / alß dieser starck und strenge
gewesen/ denn da war kaum einig Eiß/ dahingegen in diesem Winter unter grosser Strohm Dela Ware, für einig wenigen Tagen zugefroren gewesen.

Von dem Monat Martius, biß an dem Monat Junius, haben
wir ein liebliches Vorjahr gehabt/ nicht vermenget mit Platz-Regen/ sondern mit einen gelinden und sanften Regen / so bald wieder über gehet /
und einer klaren Luft. Gleichwoll aber habe ich dieses gemercket / das die
Winde/ so woll hier als in meinem Vaterland / ungestümer seyn ins Vor-
und Nachjahr/ wenn die Natur sich so verändert/ als ein Sommer oder
Winter von der Zeit an/ zu diesen gegenwertigem Monat (genennet Au-
gustus) womit man gemeiniglich dafür hält/ daß sich der Sommer en-
diget/ haben wir grosse und ausserordentliche Hitze gehabt/ bißweilen doch ge-
mäßiget und gelindert durch kühle Lüfftlein und sanffte Winde. Die Win-
de/ so hier die Sommerzeit regieren/ ist der Süde-West-Wind; aber in
wärenden Vorjahr/ Nachjahr und Winter/ geschicht es selten/ daß
man sieben Tage nacheinander nicht solte den gesunden Nordwesten Wind
haben; der in zweyer Stunden Zeit/ alle Wolcken/ Nebel/ und Dämpffe
vertreibt/ womit die Oste/ oder Süde-Winde/ die Himmel verhüllen: Und
wird der eine allezeit von dem andern hinterfolget/ und scheinet derselbige/ ein

Mittel

Mittel zu seyn / welches die Göttliche Vorsehung denen Einwohnern dieser
Insel hat gegönnet / damit die Mänge der Bäume / die da noch stehen / (wiewoll ich kaum das vierdte Theil so viel befinde / als ich mir eingebildet hätte /
die Dünste und Nebel behalten.

V. Das natürliche Gewächs des Landes / Jnsonderheit das Erdge-
wächs anlangend / sind Bäume / Früchte / Pflantzen / Kräuter / Blumen.
Die Bäume welche am meisten geachtet werden / sind die schwartzen Nuß-
Bäume / die Ceder-Bäume / die Cypressen / die Kastanien / die Poppel-
Bäume / Gummi-Bäume / Stachelbeeren / der Saßafrasbaum / der Esch /
Buch / und Eichbaum / unterschiedlicher Arth / als roth / weiß / und schwartz /
der Spanische Kastanien Baum / und die Schwam-Bäume / welche von allen die aller dauerhafftigsten seyn; Von welchen allen allhier ein überfluß
ist / zu der Menschen Dienste / die Früchte / welche ich im Walde finde / sind
die weisse und schwartze Brombeeren / Castanien / Welsche Nüsse / Pflaumen /
Erdbeeren / Bickbeeren und Trauben von unterschiedlicher Art / die grosse
rothe Traube / die nun reiff ist / und auß Unwissenheit die Fuchs-Traube ge-
genant wird / wegen ihres frembden Geschmacks / welche einige meinen daß
sie habe / ist für sich selbst eine ausserordentliche Traube / und könnte durch
Kunst ausser allen Zweiffel zu einen köstlichen Wein gebracht werden / ein
Wein der nicht woll so süß / sondern ein wenig geringer / als frontiniac selbst
und die Traube (außgenommen daß sie von Farbe röther / und in solchen Sachen so viel als die complexion der Menschen unterschieden ist) ist nicht viel
zu unterscheiden in dem Geschmack.   Dar ist auch eine gewisse Art weisser
Muscateller-Trauben / und eine kleine schwartze Traube / der Trostraube in
Engelland sehr gleich / welche itzo noch nicht so reiff seyn als die andere / aber
man sagt mir / daß sie süsser seyn / wenn sie reiff sind / und daß es allein an guten
Wein Gärtnern allhier fehlet / umb selbige woll zubawen und zu Hand haben /
Mein vornehmen ist / es umb diese Zeit Jahres mit einem Frantzmann zuwa-
welcher einige Käntnüß in diesen Sachen zu haben scheinet. Es sind auch
Persichen allhier / welche sehr groß / und in grosser Menge seyn / kaum findet
man einen Judianischen Pflantz-Garten ohne dieselben; und weiß ich nicht /
ob sie allhier auß der Natur erstlich gewachßen seyn / man kan woll bey Schef-
sel voll dieselbigen für wenig Geld kauffen / man machet einen lieblichen
Tranck davon / und ich vermeine daß sie woll so gut seyn / als die besten
Pfersichen in Engelland / außgenommen die von Newington.

Ich zweiffele ob es das beste sey / daß man sich bemühe die Landfrüch-

B 2   te te zu verbessern/ fürnehmblich die Trauben/ durch Sorge und Kunst/ oder ob man außländische Früchte Pflantzen und setzen soll/ die man bereits weiß daß sie gut und probiret seyn. Den es scheinet Natürlich zu seyn zu glauben/ daß nicht allein das jenige/ da am besten wachssen will/ da es auß der Natur wächst/ sondern auch das man nichts eher von der Art herfürbringen kan/ und daß so weit kommen solte/ als daß jenige/ was da Natürlich wächset/ den diesen zweiffel auffzulösen/ so ist mein vernehmen/ da seren mir GOtt das Leben läst/ beydes zu Probiren, und hoffe dadurch eben so guten Wein zu überkommen/ als einige Europæische Länder/ und eben solcher hoheit/ und so gut außzulieffern.

VI. Daß jenige was die Natur durch die Kunst produciret/ und herfürbringt/ ist Weitzen/ Gersten/ Habern/ Rocken/ Erbsen/ Bohnen/ Squashes, Pseben/ Wasser-Melonen, Melonen, nebst allerhand Kräutern und Wurtzeln/ die/ wir in Engelland gewohnet seyn in Gärten zu pflantzen. Eduard Jones wohnend auff dem Schuylkil, hat mit gewöhnlichen Baw/ fur ein Gran Englischen Garsten 70 Stengel und Ahren gehabt/ und ist es alhier in diesem Lande gemein 40 oder 50 Scheffel/ bißweilen 60 für einem zu haben/ und ist ein Scheffel Weitzen alhier genug einen Acker/ oder ein abgemessenes stück Landes damit zu Besäen.

VII. Von denen lebendigen Geschöpffen: als Fischen/ Vögeln und Thieren in Wäldern/ sind alhier vielerley Arten; Einige zur Speise und Profit/ andere nur allein zum profit, zur Speise und Nützen findet man alhier die Elenden so groß als ein kleiner Ochs/ Wildbrär grosser als unsers/ Biebers/ Raccounen/ Kaninichen/ Eichhörn/ einige Essen die jünge Bähren/ und loben das Fleisch.

Von den Land-Vögeln sein alhier Calecutische Hühner/ die 40 oder 50 Pfund wägen/ sehr grosse Phasanen, wilde Hühner und Rebbühner in grosser Menge.

Von Wasser-Vögeln/ findet man hier Schwane/ Ganse beydes Weisse und Grawe/ Reyer/ Anten/ bißweilen auch Schnepffen/ Mewen und Curloers 2c. und solche in grosser menge. Den unter diese sind die Enten und Teelingen angenehmer/ den so gut habe ich dieselben in keinen andern Lande gegessen.

Von den Fischen hat man da/ Stöhr/ Heerlug/ Rochen/ Schad/ Katzkopff/ Schafskopff/ Ahle/ Paling, Bahrs/ Fohren/ und in denen inländischen Flüssen Forellen, und man sagt weiter hinaff im Wasser/ gibt es Lachs.   Von

Von den Schelf-Fischen / sind Oesters / Krabben / Cockels, See-Ahl / Muschelen / einige Oesters woll 6 Daumen lang / und einige von den Cockels oder Schelfischen so groß als die Oesters / die man in Engelland gewohnet ist / und geben eine sehr gute Suppe.

Die Geschöffe welche allein zum profit und nutzen dienen / wegen ihrer Haut / Fellen und Bund-Wercke / die alhier Natürlich seyn / sind die wilde Katzen / Panterthier / Ottern / Wölffe / die Füchsse / Bonson, Mincken, Moschusratzen.

Und im Wasser die Wallfische wegen ihren Thran / wovon wir hier ein überfluß haben / nachdemahl zwey Compagnien des Wallfischfanges bereits ihre Boten zum Fangen fertig gemacht haben / so werden sie bald damit anfangen / den es scheinet daß alhier nicht allein mercklicher Vortheil zu erwarten sey / sondern zugeschweigen von der grossen Hoffnung die man hat ümb gute Cabeliau in diesem Revier zu fangen.

VIII. Es fehlet uns alhier nicht an Pferden / davon einige gut und woll bey leibe seyn / und sind zeithero meiner Ankunfft hieselbst zwey Schiffe mit Pferden und Füllen nach die Barbados abgegangen; Es ist auch alhier ein überfluß von Kühen und Schaffen / wie auch Ochsen / das land wird mehrentheils mit Ochsen gepflüget.

IX. Es sind hier unterschiedliche Pflantzen und Kräuter / die man nicht allein nach der Indianer Außsage mercket / daß sie von grosser Krafft und Wirckung seyn / und gut für Geschwülst / Brand und Wunden etc. sondern welche man in der That befunden hat / das die Patienten und Krancken in kurtzer Zeit dardurch genesen seyn. Und unter die unterschiedliche habe ich einige woll-reichende gefunden / vornehmblich eine / die man die wilde Myrte nennet / die andern weiß ich nicht zu nennen / aber sie sind sehr wollreichend.

X. Die Büsche sind besetzet mit lieblichen Blumen / von Geruch / Großheit / Gestalt Figuren und Unterschiedlichkeit / dergestale / das wie wol ich die Gelegenheit gehabt habe / die Gärten zu londen zu sehen / die über die Massen schöne sind / so gläube ich doch / das sie aus unsern Wäldern könten verbessert werden / wovon ich zu einer Probe / einige dieses Jahr an eine vornehme Standes-Person gesand habe. Wann nun so viel gesagt worden von dem lande / so will ich reden von den natürlichen Ingebohrnen / oder Indianern.

XI. Die da in dem lande gebohren seyn / will ich betrachten nach ihre

B 3

Per-

Perſonen / Sprache / Sitten / Gottesdienſt und Regierung / und babey meine Meinung und Gutbüncken von ihren Urſprung ſagen. Was ihre Perſonen anlangt / ſo ſind ſie gemeiniglich lang / gerade / ſehr woll geſchaffen / und von ſehr guter Proportion, ſie treten ſtarck und woll einher / gehen und wandelen mehrentheils mit einem erhobenen Kin oder Angeſicht: von complexion ſind ſie ſchwartz / nicht von Natur / ſondern freywillig ſo gemacht / gleich wie die Landſtreicher in Engelland / die man Heyden oder Ægyptier nennet / darzu ſchmieren ſie ſich ſelbſt mit rein Bähren-Schmaltz / und brauchen gantz kein Schutz vor der Sonnen oder das Wetter / ſo müſſen ihrer viele nohtwendig ſchwartzlicht werden: ihre Augen ſind klein und ſchwartz / und ſehen einen rechten Juden nicht ungleich; die dicke Leffte und breite flache Naſen / welche gemeiniglich die Oſt-Indier und Mohren haben / ſind ihnen nicht gemein / den ich habe von beyden Geſchlechtern ſchöne Angeſichter als in Europa geſehen / und warlich die Complexion der Italiäner hat nicht vielmehr weiſſes darin als dieſe / und es ſind unterſchiedliche welche mit ihren Naſen ſo woll denen Römern gleichen / als die Italiäner ſelbſt.

XII. Ihre Sprache iſt mannigfältig / doch genau / kurtz und enge / aber gleich der Hebreiſchen in der Bedeutung völlig genug / ein Wort dienet für dreyen / und der Reſt wird durch den Verſtand des Zuhörers erfüllet / unvollkommen in ihren temporibus, gebrechlich in ihren modis, participiis, adverbiis, conjunctionibus, interjectionibus. Ich habe mich etwas darauff geleget und bemühet ihre Sprache zu lernen / zu dem Ende das ich mich ſelber bey Gelegenheit ohn-Außleger und Dollmetſcher derſelben könte bedienen / und das muß ich ſagen / das ich keine Europæiſche Sprachen kenne / die derſelben gleichen / oder die Wörter von gröſſer Süſſigkeit / ſolcher Hoheit am Klange oder accent und im Nachdruck haben. Gleich wie dieſe folgende Nahmen einiger Plätze vorbilden / Octorockon, Rancoous', Oricton, Shakamaxon, Poqueſſin, in welchen man ein gewiſſe Hoheit höret. Wörter von ſüſſigkeit ſind dieſe / Anna, daß iſt Mutter / Iſſimus Bruder / Netap Freund / usque oret ſehr gut / ſepaſſen, paſſaion. ſind nahmen der Plätze: Pane Brodt / Metſe eſſer / matta nicht / hatta haben / payo kommen / Tamane, Secane, Menanſe, Secaterius, ſind nahmen der Perſonen. So man ſie nach etwas fraget / daß ſie nicht haben / ſo antworten ſie / Mattàne hattà, das iſt nach der ordnung der Wörter geſagt / nicht ich habe / an ſtat ich habe nicht.

XIII. Von

XIII. Von ihren Gewohnheiten/ Sitten und Weisen/ solte etwas
viel zu sagen seyn; Ich will erstlich von ihren Kindern anfangen/ welche
sie/ so bald sie nur gebohren seyn ins Wasser Waschen/ und weil sie noch
sehr jung seyn/ Tauffen sie dieselben in den Flüssen/ und das je Kälter je
lieber / umb sie desto härter/ ; frischer/ und hurtiger zu machen/ wenn sie
es nun wieder in einen Tuch gewickelt haben/ so legen sie es auff ein sehr
dünnes Brett/ welches ein wenig länger und breiter ist/ als das Kind
und rollen es umb selbiges gleich und gerade von Leibe zu machen : Und
davon kompt es daß alle Indianer/ breite und flache Häubter haben/ auff
diese weise tragen sie es sambt dem Brett auf den Rücken.

Die Kinder lauffen sehr jung/ gemeiniglich umb 9 Monaten ohn-
gefehr/ sie tragen so lang sie Klein seyn/ nichts anders als eine kleine binde
umb den Nabel. Die Jüngens gehen auß Fischen/ biß sie bequem und
geschickt sind zur Jacht in den Wald/ daß ist wenn sie ohngefehr 15 Jahr
alt seyn/ den gehen sie auff der Jacht/ und nachdem sie ihre Mannhaftig-
keit beweisen/ bey den Fellen/ die sie zu Hauß bringen/ mögen sie Heyra-
ten/ sonst ist es eine Schande unter ihnen/ an das Freyen zu gedencken.
Die Mädgens bleiben bey der Mutter/ und helffen das Land bestellen und
einrichten/ Korn pflantzen/ Erst tragen/ und sie thun woll daß sie sich darzu gewehnen/ wenn sie jung seyn/ daß sie thun müssen wen sie Alt sind/
den die Weiber sind getrewe Dienerinnen ihrer Männer/ doch ausser dem
sind ihnen die Männer sehr affectionirt und gewogen.

XIV. Wenn die junge Weibes-Personen-Manbahr seyn/ so tragen
sie etwas auff dem Kopff/umb solches zu erkennen zu geben/solcher Gestalt/
daß man ihr Angesicht kaum sehen kan/als nur wenn sie wollen: Die Weibes Personen heyrathen bey nahe ins 13. à 14. Jahr die Männer 17. à 18.
Jahr alt/ und selten älter.

XV. Ihre Häuser sind von Matten/oder (Rinden) von Bäumen auff-
stecken gesetzet/wie ein Engelisches Schur (Scheune) aber sie stehen ausser
der Macht des Windes/und sind kaum höher als ein Mann; sie liegen auf
Rieten oder Graß/ wenn sie reisen so schlaffen sie in den Wäldern/ rings
umbher ein grosses Fewer/ sie haben ihre Mantel von Duffels, die sie
bey Tage tragen/umb sich geschlagen/ und einige Zweige von Baum rund
herumb gestecket.

XVI. Ihre Speise ist Mays, oder Indianisch Korn/ auff unterschiedlicher Weise zubereitet/bißweilen braten sie es in der Aschen/ bißweiln
stossen

ſtoſſen ſie es und kochens im Waſſer/ dieſes heiſſen ſie Homine: Sie machen auch Kuchen davon/ die einen guten Geſchmack haben zu eſſen; Sie
haben auch unterſchiedliche Arten Bohnen/ und Erbſen die gute Nahrung
geben; Und die Büſche und Flüſſe verſehen ſie mit andern Speiſen.

XVII. Wenn ein Europær ſie zu beſuchen kompt/ oder Herberg in
ihr Hauß oder Hütten fordert/ſo geben ſie ihm die beſte Stelle/ und das er-
ſte Stück oder Vorſchnit/ wenn ſie kommen uns zu beſuchen/ ſo grüſſen ſie
uns mit ein Itah, das iſt zu ſagen/es müſſe euch woll gehen/ und ſetzen ſich
nieder/welches mehrentheils geſchicht bey ihnen auff der Erden/ auff ihren
Ferſen/ihre Beine gerade haltende/ unterdeſſen ſprechen ſie nicht ein Wort
ſondern ſie geben woll Achtung darauff/ was paſſiret und vorgehet; ſo ihr
ihnen etwas zu eſſen und zu trincken gebet/iſt es gut/ den ſie fordern nichts;
Es ſey wenig oder viel/ ſo es in Freundligkeit geſchicht/ ſo ziehen ſie/woll
und frölich von dannen/ſonſten gehen ſie traurig und unvergnügt weg/ ohne
daß ſie ſolches durch ein Wort zu erkennen geben.

XVIII. Sie können ihre Gebärden ſehr verſtellen oder verfälſchen/die
Urſache meiner Meynung nach/iſt die Rachgierigkeit/ welche ſie gewohnet
ſeyn unter ſich/ſelbſten zu pflegen; und hierinnen gehen ihnen die Italianer
ſelbſten nicht über/ wovon ein Tragædiſch oder betrübt Exempel vorgefallen iſt/weil ich allhier im Lande geweſen bin. Eine von ihren Königs-Töch-
tern/ muthmaſſete daß ſie bey ihren Mann nicht geachtet/ ſondern gering
ſchätzig geworden wäre/ weil er eine andere Fraw zwiſchen ihnen beyden leg-
te/iſt darauff auffgeſtanden/hinauß gegangen/ und hat eine gewiſſe ſonderli-
che Wurtzel auß der Erden gezogen und gegeſſe/wovon ſie ſtehenendes Fuſſes ſo
fort geſtorben. Hierfür hat er vergangene Woche eine Verehrung an ihre Jungfrauſchaffe thun müſſen/umb die Verſöhnung und Freyheit zu über-
kommen daß er wieder heyrathen möge.

Gleichwie auch zwey andere gethan haben/wegen der Jungfrauſchaft
ihrer Frawen/ die natürliches Todes geſtorben ſind: dann ſie leyden nicht
daß die Witwer wiederumb heyrathen ehe ſie der Gewohnheit ein Genügen
gethan haben. Man ſagt daß einige unter den jungen Weibes Perſonen
ſich einer ungebührlichen Freyheit bedienen/ ehe ſie getrauet ſeyn/ einen
Brautſchatz und Traupfenning zu verdienen/ aber wenn ſie geheyrathet/
ſind ſie ſehr keuſch; Ja auch ſo gahr/ das/ wenn ſie geſchwängert und be-
fruchtet ſeyn/laſſen ſie ihre eigene Männer nicht mehr zu/noch ſich fleiſchlich
erkennen/biß ſie entbunden und verlöſet ſeyn/ und wenn ſie verlöſet ſeyn/ſo
rüh-

rühren sie in einem Monath alles das jenige was sie Essen / nicht anders /
als mit einem Stock nur an und zu sich / damit sie dasselbige nicht verunrei-
nigen / gleich wie auch ihre Männer nicht zu sich lassen / biß die Zeit
ümb ist.

XIX. In der Freygebigkeit übertreffen sie andere / nichts von allen
was sie haben / achten sie zu gut oder hoch / und würdig für jemand der
ihr Freund ist : wenn ihr ihnen ein gut Rohr / oder einen Rock verehret /
so wird er woll durch zwantzig Händen gehen / ehe er bey einem verbleibet /
sie seyn leicht von Hertzen / starck in ihren zuneigungen und Trieb / aber
bald wieder darauß / sie seyn die frölligste Geschöpff auf Erden / sie Gäste-
riren und Tantzen immerdar / sie haben nicht viel / und sie haben auch nicht
viel von nöthen ; Ihr Reichthumb lauft herümb wie das Blut / jedes
Glib ist dessen theilhafftig / und wiewoll sie niemand sollen Mangel leyden
lassen / so lang als einer oder der ander etwas hat / so halten sie doch ein jeder das seinige.

Einige von ihren Königen haben mir Land verkauft / einige andere
haben mir unterschiedliche stücke Landes verehret ; das jenige was ich ihnen in Bezahlung oder Verehrung wiederümb gegeben habe / ist nicht bey
die Eigenthümer verborgen / oder vor ihnen hingeleget / sondern die Be-
nachbahrte Könige welche ihre Länderey nahe dabey haben / sind mit denen
ihrigen dabey gewesen / als die Güter zum augenschein gebracht worden /
haben die vornembste Eigenthumer mit einander über geredet / was und
an wen sie dieselbigen außtheilen wolten. Darauf ward einem jeden König ein Theil durch jemand der darzu bestellet / zugesand / mit solcher Gra-
vität / und ansehnligkeit / daß es verwunderens würdig war. Die Könige machen wiederümb die Umbtheilung und subdivisiones, unter die ihri-
ge desßgleichen / so daß sie kaum ein gleichen Theil für sich und ihre Unter-
thanen behalten haben. Wenn sie ihre hohe Festtagen / oder ihre ordentli-
che Mahlzeiten halten / so dienen die Könige denen anderen erstlich vor /
und ihnen selbst zu letzt. Sie sorgen für wenig / weil sie wenig von nöthen
haben / und weil sie mit wenigen zu frieden seyn. Hierin stehen sie völlig
mit uns gleich / den weil sie in unseren Lüsten keinen gefallen schöpffen /
so sind sie anderseits frey von unser Mühe / Ungemach und verdrießligkeit.
Sie verhinderen und brechen ihre Ruhe nicht mit wagen / zur See / noch
mit Wechselbrieffen / sie werden auch nicht geplaget noch gequälet mit Processen und Rechtshändelen / oder Rechnungen in der Rechen-Kammer /

C

wir

wir schwitzen und bemühen uns zu leben/ hingegen ihre Lust/ Plaisir, und ihre Speise ist ihr Fischen/ Jagen und Vogel schiessen oder fangen/ und die Taffel ist ihnen überall aufgedecket. Sie Essen zweymahl des Tages/ des Morgens und Abends/ ihre Stühle und Taffel ist die Erde. Aber welches zu beklagen ist/ zeithero die Europæer in diese Länder sind gekommen/ so sind sie sehr auff starcke Geträncke gefallen/ vornemblich auff Rum, und wollen darfür ihre aller köstlichste Fellen und Bund-Werck vertauschen/ und wen sie Warm davon geworden sind/ruhen sie nicht/ biß daß sie genug davon haben/ daß sie davon Schlaffen können. Den ruffen sie was mehr/ ich wil Schlaffen gehen/ den wenn sie Truncken seyn/ so sind sie eines von dem elendesten Spectakeln in der Welt.

XX. In Kranckheiten sind sie ruheloß ümb Genesen zu werden/und wollen alles darümb geben/ insonderheit ihre Kinder zu genesen/ zu welchen sie sehr grosse Natürliche Zuneigung tragen. Sie nehmen alßdann eine decoction von einigen Wurtzeln in Brunnen-Wasser/ und wenn sie denn Fleisch Essen/ so muß es von Weibchen seyn. Wenn sie Sterben/ so begraben sie dieselben mit ihren Kleidern/ es seyn Männer oder Frauen/ und die nechste Bluts-Freunde werffen etwas bey ihnen/ das ihnen lieb und hochgeachtet ist/ zum zeichen der Liebe. Ihre Trauer und Kleid ist/ daß sie ihre Angesichter Schwärtzen/ welches sie ein Jahr lang continuiren/ sie sind Sorgfältig und curios über die Grab-Stätten ihrer Todten/ den damit dieselben mit der Zeit nicht mögen verlohren werden/ und zum gemeinen gebrauch verfallen/ reissen sie das Graß auß/ so darauff wäst/ und mit grosser sorgfalt machen sie die verfallene Erde wieder ümb hoch.

XXI. In Sachen welche ihren Gottesdienst betreffen/ sind diese arme Leute unter einer finsteren Nacht/ zum wenigsten was die tradition, oder Historische Kändtniß anlanget/ so glauben sie gleichwoll eine Gottheit/ und der Seelen Unsterbligkeit/ ohne der hülffe der Metaphysic, den sie sagen/ es sey ein grosser König/ der sie Geschaffen hat/ der in einem herrlichen Lande nach dem Sudenwerts von ihnen wohne/ und daß die Seelen der Frommen dahin sollen gehen/ daselbst sie wiederümb Leben sollen. Ihr Gottesdienst bestehet in zwey Theilen/ nemblich Opffern und Gesang; Ihr Opffer ist von ihren ersten Früchten/ der ersten und fettesten Hirschen/ den sie tödten wird zum Feuer gebracht und auff einmahl Verbrand/ mit einem traurigen Gelänt oder Gesang/ von dem/ der die Ceremonien

ver-

verrichtet/ aber mit ſolchen verwunderlichen Eyfer und leiblicher Arbeit/
das er davon ſchwitzet das er ſchäumet: Ihr Geſang geſchicht in Reyen-
Tantzen/ den in Worten/ bald wieder in Geſängen/ und dann mit Jauchen/
da zwey in der Mitten ſtehen und das Werck anfangen/ mit ſingen und
ſchlagen oder trimmeln auff ein Bret das Werck regieren. Ihre Gebär-
de im Tantz ſind ſehr ſelten und frembd/ aber ſie halten alle ihre Maaß. Dieſes geſchicht mit nicht geringer leiblichen Arbeit / als Ernſthafftigkeit/
und mit groſſer ſcheinbahrlicher Freude.

In dem Nachjahr/ wenn ihr Korn einkombt/ fangen ſie an einander
zu Gaſt zu laden/ ſie haben bereits zwey groſſe oder hohe Feſt-Tage gehabt/
worzu ein jeder einen freyen Zugang hat wer nun will. Ich bin ſelber bey
dem einem zugegen geweſen/ ihr Haußgerath war eine grüne Banck/ bey
einem Spring-Brun/ unter einige Klacken Bäume/ und zwantzig Hirſchen/
mit warmen Kuchen von neu Korn/ beydes Weitzen und Bohnen/ die ſie
viereckicht machen in den Blättern von dem Stamme/ und backen ſie in der
Aſchen; Hernach fangen ſie an zu tantzen/ aber die da hingehen/ müſſen eine
kleine Verehrung mitbringen von ihrem Gelde/ ohngefehr 6. Stüvers/ welches gemacht iſt von einer Schelfen eines Fiſches / wovon das Schwartz
bey ihnen als Gold/ und das Weiſſe als Silber gehalten wird/ dieſes nennen
ſie Wampon.

XXII. Sie werden durch Könige regieret / die ſie Sachimas nennen/
und das bey ſucce diren und Nachfolgen/ aber allezeit von der Mutter ſei-
ten; als zum Exempel/ die Kinder des jetzigen Königs können nicht ſuc-
cediren/ ſondern ſein Bruder bey der Mutter/ oder ſeiner Schweſter Kin-
der/ derer Söhne/ (und darnach die Kinder von ihre Töchter ſollen regieren) denn kein Frau kan da erben: die Urſachen/ welche ſie hievon geben/
warumb/ ſo iſt es zu dem Ende/ das ihre Nachkömlinge nicht ſollen Baſtar-
den oder Hurenkinder ſeyn.

XXIII. Jeder König hat ſeine Räthe/ ſo beſtehen aus allen den Alten
und Weiſen/ von ſeiner Nation/ derer bey nahe 200. Menſchen in der Zahl
ſeyn. Ohne Berathſchlagung mit dieſen/ wird nichts/ daran etwas gele-
gen/ vorgenommen/ es ſey Krieg/ Friede/ Verkauffung der Ländereyen/ o-
der Kauffhandel/ ja was noch mehr iſt/ ſo ſeyn auch die Jungen mit dabey.
Es iſt Verwunderungs würdig zu ſehen / wie groſſe Macht ihre Könige
haben / und das ſie dennoch nichts thun als durch den Athem ihres
Volcks.

C 2   Ich

Ich habe die Ehre gehabt/ mit ihnen über den Einkauff des Landes zu handlen/ und den Zustand der Handelungen zurecht zu bringen/ und ist dieses ihr ordre gewesen: Der König sitzet in der Mitten eines halben Mondes/ hat an beyden seiten seine Räthe/ alte und weise/ und ein wenig hinter ihnen/ sitzet die junge Geselschafft in derselbigen figur. So bald sie nun ihre Sachen zum Schluß gebracht/ gebot der König/ daß einer unter ihnen mich ansprechen solte/ welcher den auffstund/ sich zu mir nahete/ und hat mich im Nahmen seines Königs gegrüsset/ mich bey der Hand nehmend/ sagte zu mir/ daß ihm von seinem Könige wäre befohlen/ mich anzusprechen/ und daß er es nun nicht were der da rede/ sondern der König/ darumb/ weil das jenige / was er sagen würde/ des Königs Sinne und Meining wäre.

Erstlich ersuchte er mich/ ich möchte es ihnen doch zu gute halten/ daß sie mir vor diesen keinen rechten Schluß gegeben hätten: befürchtende/ es möchte einige Faute bey dem Dolmetscher gewesen seyn/ dieweil derselbe weder ein Indianer noch Engelsmann war. Ferner daß es ihre Gewohnheit wäre/ umb Sachen zu berathschlagen/ auch viele Zeit in der Berathschlagung anzuwenden/ ehe sie zum Schluß kähmen. Und baferne die junge Leute und Eigenthümer des Landes / so fertig gewesen wären/ als er/ so solte ich so lang nicht auffgehalten worden seyn. Nachdem er diesen Eingang gemacht/ ist er gekommen auff die Grentz-Scheidung des Landes/ und den Preiß für das Lande/ welches sie beschlossen hätten/ abzustehen/ welches nun ein wenig teuer ist/ den itzund kan man nicht zwey Meilen kauffen/ für das jenige/ wofür man vor diesem zwantzig Meilen hat kauffen können; in währender Zeit nun/ daß dieser redete/ hat man nicht einen Menschen unter ihnen reden sehen/ oder lächeln/ die alten sind ernsthafftig/ und die jungen Ehrerbietig in ihren Handel und Wandel. Sie sprechen zwar wenig aber mit einer Ernsthafftigkeit und Wollberedenheit; Ich habe nirgends grössern natürlichen Verstand gesehen/ wenn man betrachtet und bey sich erweget / daß sie die Hülffe (Ich hätte aber bald gesazt das Verderben) von Satzungen/ und gesetzen/ nicht haben. Dermassen daß derselbige woll eines weisen Mannes Nahmen verdienet/ der sie übertreffen kan/ in einiger Unterhandlung und Sache die sie verstehen. Wie nun der Kauff geschlossen/ sind grosse Zusagungen guter Freundschafft zwischen ihnen und uns vorgegangen/ und daß die Englischen und Indianer solten in Liebe mit einander leben/ so lang die Sonne ihr Licht gebe. Wie dieses geschehen/ that einander eine

Ora-

Oration an die Indianer, in Nahmen aller Sachimas oder Könige / erstlich umb ihnen zu sagen/was da geschehen war/und zum andern umb ihnen zu befehlen und zu gebieten/die Christen zu lieben/und sonderlich Friede mit mir zu halten / und mit dem Volck unter meiner Regierung / sagend : daß da woll viele Gouverneurs auff der riviere gewesen wären / aber es wäre kein Gouverneur jemals da gekommen / persöhnlich zu verbleiben / für mich. Und nun sie einen hätten / der ihnen gutes gethan / sie ihm ungern wolten zu wieder seyn. Nachdem dieser außgeredet / gab ein jeder mit jauzen sein Wollgefallen: und sagte nach seiner Art. Amen.

XXIV. Ihr Recht bestehet in Geld-Busse/für allen ungerechten Sachen und bösen Thaten / auch für Mord selbsten / thun sie die Versöhnung mit Tractamenten und Verehrung ihres Wampons, welches den proportioniret ist nach Ubelthat / oder nachdem die Person ist / so beleidiget worden / und nach dem Geschlecht: den wenn sie eine Weibes-Person tobt schlagen/bezahlen sie einmahl so viel als vor einem Mann/die Ursache die sie deßwegen geben / ist / weil sie Kinder zeugen / welches die Männer nicht thun können. Es geschicht selten das sie mit einander Zanck und Streit haben / wenn sie nüchteren seyn/ und wenn sie Trincken / vergeben sie es einander / sagende/ daß es der Trunck und nicht der Mann sey / der Mißhandelt und Ubel gethan habe.

XXV. Wir sind veraccordiret und bewilliget / daß in allen Streitigkeiten zwischen Uns / 6 von ihren Leuten / und sechs von unsern / die Sache vertragen müssen/ thut ihnen kein Unrecht/sondern laßt sie nur Rechte haben / so werdet ihr sie gewinnen. Das ärgste ist/ daß sie ärger seyn als die Christen / die ihre Untugenden unter ihnen vorgesetzet haben / und ihnen satzung zum Bösen und nicht zum Guten gegeben. Aber wie gering die erkäntniß der Indianer ist / uub wie herrlich der zustand der Christen über den ihrigen zu seyn scheinet / so haben sie doch nicht / mit allen ihren vorwenden/ zu höhern offenbahrung daß geringe Liecht / daß diese haben / durch ein besser Leben zuführen / übertroffen. Wie viel gutes den stehet da nicht zu erwarten/so gute Menschen/durch einen Gottesfürchtigen Wandel auff sie solten bawen / da eine solche deutliche Erkänuß des guten und bösen übergeblieben ist. Ich bitt.GOtt/daß er aller der jenigen Hertzen welche anhero kommen/ neigen wolle / umb die Erkäntmäß der Ingebohrnen / sie mit einen bessern Leben zu übertreffen/ durch einen beständigen Gehorsamb/ zu mehrerer Erkäntniß und Wissenschafft /welche sie von dem Wil-

len

len GOttes haben/den es solte fürwahr/ eine erbarmliche Sache und Jammer seyn/daß wir solten fallen unter die rechtfertige Bestraffung der Gewissens Blendung der armen Indianer/ dieweil wir Profession machen/von Sachen/welche ihre Käntniß so weit übertreffen.

XXVI. Was ihren Ursprung betrifft/ so befinde ich mich geneigt zu glauben/ daß sie von Judischen Geschlecht seyn/ ich meine von den zehen Stämmen/ außgesprossen/und solches auch nach folgenden Ursachen.

1. Weil sie nach ein Land müsten ziehen daß nicht bepflanzet/ und noch unbekant war; Welches gewißlich Asia und Africa gewesen ist/ wo nicht Europa; und der/ welcher ihnen das schwere Urthell auflegete/ könte ihren Durchzug darnach zu leicht machen/ welches nicht unmüglich ist von denen eussersten Theilen Asia, nach denen aller westlichsten Theilen America.

2. So befinde ich/daß sie von Angesicht den Juden gleich seyn/und ihre Kinder Insonderheit so lebhafftig/ daß man sich fast einbilden solte man wäre in Londen in Dukesplaatz undBerrystraat (da die Juden mehrentheils wohnen) wenn man die Kinder ansiehet/abes diesel nichts allein.

3. Sie kommen überein in Ceremonien, sie rechen bey dem Mond/ sie opffern ihre erste Früchte/sie hab ein Art Tabernackel oder Laub-Hütten Fest/man sagt/ daß ihr Altar legen auff 12. Steine/ ihre Trawer wäres ein Jahr/die Gewohnheiten der Frauen/ nebenst vielen andern Sachen/ derer ich mich izund eben so nicht erinnern/ kommen mit der Juden Gewohnheit überein.

Dieses wäre den/von denen/so von Natur daselbst im Lande gebohren werden. Nun folget die Betrachtung der alten Einwohner/ ehe ich zu unsere izige neuerbaute und angelegte Stadt/ und zur Erzehlung des Zustandes derselben schreite.

XXVII. Die erste Einwohner in diesen Ländern/ sind die Teutschen/ oder Holländer gewesen/und kurz nach ihnen die Schweden/ und Finnen/ die Holländer haben sich selbst zu dem Handel/ die Schweden und Finnen aber haben sich zum Ackerbau begeben. Es sind vor einigen Jahren einige Streitigkeiten allda zwischen ihnen vorgefallen/ daß die Holländer die Schweden allda angesehen haben/ daß dieselbe sich ihres Landes und ihrer Rechten bedienten/welcher Zanck und Streit einmahl beygeleget und auffgehoben ist/ durch die Ubergabe des Schwedischen Gouverneurs Johan Rising, an den Gouverneur der Staaten der vereinigten Niederländer/ Peter Stuyvesant, Anno 1655,

XXVIII. Die

XXVIII. Die Holländer bewohnen die meisten Theile dieser Provintz/ die da liegen an / oder nahe/ bey die Baay, und die Schweden an den frischen Strome/ der reviere delavvare. Es wird von nöthen seyn/von der Nation eine Beschreibung zu machen/ weil dieselbige allda besser bekant ist. als hier: Dennoch so muß ich dieses von den Schweden sagen / daß sie ein einfältig starck/und fleißiges Volck seyn/ gleichwoll so haben sie doch noch einen schlechten Fortgang gemacht/ im baue/ und Fortpflantzung der Obst-Bäume/gleich als suchten sie mehr Vergnüge zu sein/ als Uberfluß oder Handelung zu haben. Ich halte aber dafür/daß die Indianer sie desto sorgloser gemacht haben/. in dem Jene diesen den Profit zuwegebringen/ nemblich Fellen und Bundwercke und dergleichen starcke Geträncke. Sie haben mich freundlich empfangen/so woll als die Englischen/derer nicht viele waren/biß daß die Leute / welche sich mit mir verbunden/ da ankamen. Ich muß nothwendig loben/ den Respect, welchen sie der Regierung/und fründliches Verhalten/welches sie den Englischen beweisen: damit bezeugende /. daß/sie nicht außgeartet seyn/ von der alten Feindschaffe zwischen beyde Königreiche. Gleichwie sie Leute seyn/die klug und starck vom Leibe/und Gliedern seyn/also haben sie auch schöne Kinder/wovon bey nahe jedes Hauß voll ist; selten findet man da ein Hauß/ da nicht 3. a 4. Knaben/und eben so viel Magdchen sein/und in einigen Häusern 6. a 7.8. Söhne; und hierin muß ich sie loben/daß ich wenig junge Leute finde/die nüchterner und arbeitsahmer sein als diese.

XXIX. Die Holländer haben einen Versamblungs-Platz zu ihren Gottesdienst in Neweastel/und die Schweden drey/einen zu Christian, einen zu Tennecum, und einen zu Wicoco, ein klein viertel Meil von dieser Stadt.

XXX. Nun ist noch übrig / daß ich melden solte von unserm gegenwärtigen Zustand/ und was für fortgang wir gemacht haben / worin ich so kurtz seyn will als ich immer kann/ den ich befürchte mich/ (und zwar nicht ohne Ursache) in dem ich ewere Gedult geprüfet habe mit dieser langen und weitleufftigen Erzehlung. Das Land lieget alhier inß Osten bepsälet bey der Reviere und Baay des de la Ware (in der Holländischen Carten von Neu-Niederland Anno 1673 in Amsterdam Gedruckt/ genand die Süd-Riviere) und der Ost-See. Hat viel vortheil für anderen Rivieren, die in den grossen Rivieren und Baay hinauß lauffen: Von welchen einige mit grossen Schiffen können befahren werden/ andern mit kleinern Fahrzeug; Die fürtreff-

ligste

lichſte ſeyn Chriſtina, Brandewin, Skilpot und Schuylkyl, in welchen allen man die Königl. Flotte von Engelland kann aufflegen / weil man da-ſelbſt die tieffe des Waſſers befindet zu ſeyn / von 4 Faden biß 8 zu.

XXXI, Die kleinere Revieren, welche zenug mit Schaloupen ; und Kitſen, von groſſer und ſtarcker Laſt befahren werden / ſind dieſe / Levvis, Meſpilion, Cedar, Dover, Cranbroock, Feversham, und Georges, unterwerts; und Chicheſter, Cheſter, Toacavvey, Pemmapeka, Port-queſſin, Neshimeneck, und Penberrij, obenwerts/ in den ſüſſen Waſ-ſern/ es ſind noch viele andere kleinere/ da gleichfalß Boten und Slupen paſſiren können.

Unſere Leuten haben ſich ſelbſt mehrentheils an der Obere-Riviere niedergelaſſen / welche luſtig/ anmühtig und friſch / gemeiniglich mit gut Land verſehen ſeyn.

Das theil der Provinz, das bepflanket und mit Volck beſetzet iſt / hat man in 6. Graffſchafften getheilet / mit nahmen / Philadelphia, Bucking-ham, Cheſter, Newcaſtel, Kent und Suſſex, hält in ſich ohngeſehr 4000 Seelen.

Zwey gemeine Verſamblungen hat man gehalten/und daß mit ſolchen Eintrag und abhandelung/ daß ſie nur drey Wochen haben geſeſſen/und in denenſelben ſind zum wenigſten 70 Geſetze fürgefallen / alſo daß nicht eine einkige mißhellige Stimme in ſachen von Wichtigkeit ſich hat mercken laſ-ſen. Aber hievon hernach weiter/ ſie ſeyn ſo woll vor als nach/nur ſchlech-te und newe anfänger: dennoch ſo kann ich ihren ſonderlichen reſpect und Ehrerbietung gegen mir nicht vergeſſen/ welche in dieſer unſer Unmündig-keit auß ihren eigenen Beutel, ſo frühe meine Unkoſten für der Gemeine be-trachtet / daß ſie mir verehret haben mit einer Aufflage auff gewiſſe Wah-ren/ die in und außgeführet werden / welches ich nach erkäntnüß ihrer Gewohnheit / mit gleicher freygebigkeit der Provinz/ und den Kaufflenten auff derſelbigen habe wieder Verehret : und ümb beſſer Regierung willen ſind in jeder Graaffſchafft Rechtbancken beſtellet / und mit tüchtigen Be-dienten verſehen/ als Richtern/ Friede-Richtern/ Schulten-Voigten/ Vorſtehern/ Friedensbewahrern zc. welche Gerichts-Herrn alle zwey Mo-nat ſitzen.

Dann/ damit man ſoviel möglich iſt / allen Proceſſen und Rechte-händelen vorkommen möge/ ſo ſind da drey Friedemacher bey jedem Ge-richte erwehlet/ als gemeine Mitteler/ ümb alle Streitigkeiten zwiſchen de-nen

nen Einwohnern zu hören/ und abzunehmen; Und ins Verjahr und Nachjahr soll das Waysen Gerecht sitzen / umb in jeder Graaffschafft auf der
Witwen und Wäysen sachen Auffsicht zu haben.

XXXII. Philadelphia (die Hoffnung der interessirten dieser Provintz)
ist zum letzten zu allgemeiner vergnügung der Anwesenden/ als welche einiger massen darin interessiret seyn/ angeleget / und lieget dieselbe zwischen
zwey Schiffreiche Rivieren, nemblich de la Ware und Schuylkil, woburch
es zwey Fronten (Ufer) hat bekommen gegen daß Wasser/ welche eine jegli-
che/ eine Englische Meyle oder 5260 Amsterdammische Fuß lang: und diese
zwey Rivieren sind zwey Englische Meylen von einander.

Die Riviere de la Ware ist woll eine herrliche Riviere, doch gleichwol
scheinet es/ daß diese Zeit nur zugebracht ist/ümb den Schuylkil zu Bepflan-
tzen und mit Volck zu besetzen / dieweil der selbige höher lieget als andere /
und wird mit Boten befahren in die 100 Englische Meylen/ nimbt seinen
lauff Norb-Ost nach dem Strom und Riviere/Sesquahannah , erstrecket
sich biß zum Mittel-punct der Provintz/ und ist an beyden seiten das Land
unser eigen.

Ich sage wenig von der Stadt selbsten/ weilmein Gevollmächtiger Ew.
liebbl. dem Grundriß der Stadt zeigen soll / in welchen die Käuffer ihren
Nahmen und interesse finden werden/ aber das muß ich sagen/ wegen der
guten Versehung Gottes/ daß von allen Ortheren und Plätzen/derer ich viele
in der Welt gesehen habe/ mich nicht dünckt/ daß ich einen Ohrt gesehen /
welcher besser gelegen wäre/ als dieser; Solche gestalt daß es scheinet/daß
es zu einer Stadt gewidmet gewesen/ es sey daß man ansehe die Rivieren ,
oder die Häubter des Landes/ Schiffs gewerben/ Spring-Brunnen/ die hö-
he und gesundheit der Luft/ welche von diesen Leuten dafür gehalten und ge-
urtheilet wird/ daß sie sehr gut sey.

Sie ist innerhalb einem Jahr so weit gebracht/ daß itzunder bey die 80
Häuser und Hütten da seyn/ so gut als sie seyn/ und da Kauffleute und Hand-
wercker ihren Beruff mit eiffer in acht nehmen/ inzwischen der Land-Mann
seine Arbeit beobachtet / von welchen einige etwas Winter-Korn in ver-
wichener Jahrzeit beobachtet / und in der Erden gebracht haben/ und der
meiste theil unter ihnen haben einem guten Sommer gehabt/ und machen
Anstalt ümb ihr Winter-Korn zu bekommen. Sie haben den Garsten dieses Jahr in dem Monat Majo , und den Weitzen im nachfolgenden Monat gemeyet: also daß zeitßgenug ist in diesen Ländern ümb ein ander Ge-

D wächs

wachß zu haben/ von unterschiedlicher Art / ehe die Winter-Zeit einfält/ Wir erwarten täglich Schiffe umb unsere Zahl zu vermehren. Den hier ist GOtt Lob/ Plaß und gelegenheit für ihnen. Die Reden welche man außgestrewet hat von den Mangel den man athier solte gelitten haben/ ist anders nichts/ alß die furcht unser Freunde / oder die Verleumbdung unser Feinde. Denn die gröste beschwerung / welche wir alhier außgestanden haben/ ist diese/ daß wir gesaßen Fleisch haben Essen müssen/ doch weil wir in dem Winter mit wilden Vögeln/ und im Sommer mit Fischen/ wie auch mit andern Feder-Wildbrät/ Lamfleisch/ Schaffleisch/ Kalbfleisch/ und einem überfluß von Wildbrät/ den grösten theil des Jahres woll versehen waren/ so ist solches desto leiblicher gewesen. Was mich anlangt/ ich dancke GOtt / daß ich mit dem Lande/ und der Speise die ich hier finde/ gantz woll zu frieden bin. Den hieselbst finde ich die sonderliche Vergnügligkeit/ welche mich dahin gebracht hat/ da die Göttliche Providenß / und versehung verordnet/ daß ich Regieren solte/ umb ihnen zu dienen. Ihr dürffet nicht meinen oder gedencken/ daß mein ißiger Standt solte mehr befreyet seyn/ von mehr als gemeinen Geschäften/ und in solchen absehen möchte ich sagen/ daß mein Werck beschwerlich sey/ aber die gute Art und Manieren damit wir geschäftig seyn/ diese dinge in guten stande zu bringen / soll die Last leichter machen/ und eine richtigere Verwaltung der Sachen geben. Den gleich wie es die schüldigkeit und pflicht ist/ daß eßliche Pflügen/ eßliche Säen/ andere mit Wasser begiessen/ andere Meyen/ so ist es so woll die Weißheit als schüldigkeit eines Menschen/ sich zu beugen vor dem willen der Göttlichen versehung/ und so woll mit Freuden als mit sorgfältigkeit die Bestellung dessen zu hinterfolgen.

XXXIII. Was nun Ew. Liebbl. insonderheit anlanget / so solte ich Ew. Liebbl. woll anweisen auf die Brieffe des Præsidenten Ewer Societæt, aber dieses will ich davon sagen/ daß Ewer Loß/ in dieser Provinß so woll in als ausserhalb der Stadt sey/ also daß die Gelegenheit (situatio) und grund nicht können verbessert werden. Ewer Loß in der Stadt ist eine gantze Strasse/ und eine seite einer Strassen von einem Riviere zum andern/ und hält fast 100 Acker in sich/ die man nicht leicht schäßen kann / und ist dieses über eltern 400 Ackeren in der Stadt gebiete/ welche ein theil seyn von eweren 20000 Ackeren auff dem Lande.

Ewer Ledergerberey hat solchen überfluß von Rün/ ewere Sagmühlen von Holß/ der Plaß zu eweren Glaß-Hause ist sehr woll gelegen zum über-

britt

bringen beym Waſſer/ ewer loß in der Stadt vor ein Schiffes-Zimmer-
werck/ und ewere Schiffe zum Wall-Fiſchfang/ haben die Bancken dar-
mit woll verſehen/ und die Stadt Lewis, welche nahe bey/ ümb ewern
Volck zu helffen/daß die Sachen der Societæt mit GOttes Seegen darauff mit
anſehen und profit zu-nehmen ſollen.

Darin bin ich gewiß das ich mich nicht abgeneigt erzeiget habe/ in einigen Ane-bieten/ die einiger maſſen zu der Beſchleunigung und Fortgang
deſſen hat dienen kőſten/und ob woll ich nicht geübet bin in dergleichen Vor-
wurffen/ ſo habe ich doch mit Part genommen mit denen Gewinnhabern/
ihr Intereſſe ferner zu befordereren/ und fortzuſetzen.

Man hat Ew. Liebbl. ſchon berichtet/was man vermeinet alhier/daß
euch ferner zu thun nőtig ſey/ und ich wünbſche daß ihr es fortſetzen mő-
get/ all daß jenige was zur beforderung der Weinen und Leinen Manu-
facturen in dieſen Ländern gereichen mag. Welche vorſchläge am beſten
durch die Frantzoſen kőnnen außgeführet und verrichtet werden/ wie es
ſcheinet; Zu dem Ende iſt mein Sin und Gutbuncken/ daß ihr einige tau-
ſend Wein-Reben Pflantzen auß Franckreich entbieten laſſet/ nebſt einigen verſtändigen Wein-Gartnern und Leinwebern. Weil ich aber glau-
be daß der Præſident Ewer Liebl. hievon und von einigen anderen nützli-
chen Sachen wird geſchrieben haben/ ſo will ich nicht mehr davon ſagen/
ſondern Ewer Liebbl. verſichern/daß ich von Hertzen geneigt bin/ ewer rechte
meſſiges Intereſſe zu befordereren/ und daß Ew. Liebbl. mich allezeit befinden
ſollen:

Philadelphia 18 des 8ten
  Monats Auguſtus ge-
  nand/ 1683.

Ewer lieber und hertzlicher
  Freund

VVilliam Penn.

D 2   Ein-

Eine kurtze Erzehlung der

Situation, und grösse der Stadt
Philadelphia.

Je Stadt Philadelphia ist von dem einen Riviere zum andern, ohngefehr zwey Englische Meylen lang, und ein Meyle breit, und hat der Gouverneur ihr freywillig verehret, daß respective Loß in der Stadt, ohne die quantitæten ihres gekaufften Landes zu verminderen, als ein ferneres Kenzeichen und offenbahrung seines geneigten willens und gewogen-heit zu den Käuffern. Die Situation derselben ist dergestalt, daß man kaum der-gleichen irgend solte finden können, ist gelegen zwischen zwey Schiffreiche Rivieren, auff einen hohen Lande, da die Schiffe sehr guten Grund haben, Ancker zu werf-sen, in 6 a 7 8 Faden Wasser, in beyden Rivieren nahe an der Stadt, und der Grund der Stadt gleich und eben, die Lufft trucken und Gesund.

Die Model der Stadt erscheinet in einen kleinen Abriß, so davon bereits gemacht, welcher nachmals, daferne es die Zeit leydet, noch größer soll gemacht werden, und weil in demselben nicht Platz genug ist, der Käuffer nahmen darinne außzubrücken, so habe ich dieselben mit Zahlen angewiesen, wobey ein jeder seyn Loß und Gelegen-heit wissen kan.

Die Stadt ist nun so ordiniret durch die Sorge und Vorsichtigkeit des Gouver-neurs daß sie an beyden Rivieren stosset, die eine Helffte gegen de la vvare, die an der re gegen Schuylkil. Denn dieweil man denen kleinen Käuffern nicht hat können ihr loß geben in den Vorstrassen so hat man die Plätze in den Strassen, darnoch angele-get, nemblich die Käuffer von 1000. Acker und mehr Besitzen die Vorstrassen, wie auch die hohe Strasse, und jeder Käuffer von 5000. Acker, bekompt in der Vor-strassen ohngefehr ein Acker Landes: Und die geringere Käuffer ohngefehr einen halben Acker, in der Hinterstrassen, wodurch die Geringsten noch Platz genug ha-ben, für ein Hauß, Kraut und Baumgarten, mit grossen Vergnügen aller die allhier interessiret sein.

Die Stadt, gleich wie solches das Model außweiset, bestehet in einer grossen Strasse, nach jeder riviere, und einer hohe Strasse (schier in der Mitten) 100. Fuß breit, und strecket sich von einem riviere zum andern, und eine breite Strasse mitten in der Stadt, von einer Seiten zur andern eben selbiger Breite. In dem Mit-tel-Punct der Stadt ist ein Plan (Platz) von 10. Acker, an jeglicher Ecken sollen Häuser gezimmert werden, welche zum allgemeinen Dienst und besten dienen sol-len, nehmblich zum Versamlungs Platz, Staaten Hauß, Marcht hauß, zur Schule, und dergleichen Häuser, dasind auch in der vier Theilen der Stadt, vier Plätze, jeder 8. Acker groß, zu eben solchen Gebrauch, worzu die Mohrfelder ausserhalb Lon-den, mit Bäumen bestanget, und öffentliche Bleich Felder, zum gemeinen Dienst

und

und Nutzen der Bürger. Und s. Straffen/(aufferhalb der Hochstraffe)die von einer Seiten zur andern/ und zwantzig Straffen (aufferhalb der breiten Straffe)die
quer durch die Stadt lauffen/von einer Seiten zur andern; Welche Straffen alle
50.Fuß breit seyn.

In jeder Zahl der Vorstraffen und Hochstraffen sind geleget/die Käuffer von 1000.
Acker und darüber/umb/ein loß zu machen von 1000. Acker beydes in der Vor und
Hochstraffe/und die Zahlen weisen eines jeden loß an/ und wo daffelbe in der Stadt
liegt. So daß sie dadurch wissen könen an welchen Ort ihr Platz liege.

Die ersten loffen fangen an/an den Süd-enden/der Vorstraffen/von der ersten Zahl
an und ftrecken sich biß an die Nord Enden/ zur 43. Zahl. Die Hochstraffe loffen
fangen an bey der Seite mit 44. bezeichnet/ und erftrecken sich von jeden Reviere
biß zum Mittel Punct.

Die geringere Käuffer fangen an mit 1. in der zweiten Straffe/ und ftehen
alfobald bey den Zahlen/ gleich wie in dem Abriß zu fehen ist/ der gröfte wird erft-
lich geleget nahe an der Vorstraffen.

Extract eines Brieffes auß Penſylvania, geschrieben von Thomas Paskell/ an J. J. von Chippenham, in Engelland de dato den 10. February 1683. Holländiſchen Styli.

NAch freundlicher grüffung Ewer/ Ewer Hauß Frawen/ und gantzen Haußge-
ſindes/ hoffend das Ew. Liebbl. alle bey guter Gefundheit feyn / gleich wie wir
alle zuſammen feyn/ anß-enommen das einer von meinen Knechten/ ein Zimmer-
man/ der/ ob woll er ein hurtiger und ftarcker Gefell war/auff dem Schiffe Geftor-
ben ift. Den ich und meine Fraw feyn GOtt Lob nicht Kranck gewesen / fondern
wir haben beffere Gefundheit gehabt/ alß in Engelland/ und bleiben dabey durch
Gottes Gnade und Güte. Ich fehe nicht anders/ als daß das Land alhier Gefund
fey/ denn nicht allein wir fondern alles Volck auff einen andern Schiffe / welches
am felbigem Tage mit uns angekommen ift (haben auch nur einen Todten auff ihr
Schiff gehabt) bleibet alles Gefund und Frifch/ wie auch alle die jenige welche
nachgehents angekommen find.

William Penn und die auß der Socitæt find woll angekommen/ und alhier mit
groffen wollgefallen Empfangen. Gleich wie er auch zu Newyorck/ da er gewesen/
fehr woll ift gehalten worden/ und wofelbft er fich Großmütig verhalten.

Alhier ift eine Stadt gruend Philadelphia/ da man eine Marcktftatt/und ein anders zu Chefter/ vorzeiten Upland genand/ und William Penn ift bemühet und ge-
ſchäftig die Gemeine in Städten zu fegen.

Ich bin ohnlängst an jenfeit der Riviere de la Ware gewefen/ zu Burlington in
Westjarfen auf dem Jahr-Marckt/ wofelbft ein groffer zulauff von Menfchen war/
und ein überfluß von Englifchen Wahren vor einen billigen Preiß. Den das Land
ift voll Guter/Zin und Kupffer bleiben bey der Hand liegen. Ich habe Kirfey mit-
gebracht

gebracht/ aber ich kann es nicht Verkauffen/ doch gleichwoll Spanisch Tuch/ Fri-
setten/ (Frese) und eiseren Töpffe/ hat man mehr von nöthen/ aber das jenige was
am meisten gesuchet wird/ ist Leinwand und Duffels (ist eine art Tuch. Es sind alhier Schweden und Finnen/ welche hie selbst in die 40 Jahren gewohnet haben/
und haben ein bequem und gemächliches Leben/ durch den uberfluß der Lebensmittel.
Aber ihre Kleidung war nicht sonderlich biß das die Engelländer/ nun unter sie
gekommen seyn/ von welche sie schöne und stattliche Kleider bekommen/ und fangen an sich was Hoffärtig zu erzeigen.

Es ist eine vernünfftige art Volckes/ sie gebrauchen in ihren Zimmern wenig o-
der gar kein Eysen/ und können ein Wohn-Hauß zimmern/ ohn einigen andern Instru-
ment/ als nur mit einem Beile/ womit sie einen Baum können niederhauen und in
Stücken hacken/ in weniger Zeit/ als es zwey Leute durchsagen können/ und mit dem-
selbigen Werckzeug und etlichen Hölzern Keylen/ können sie es in Brettern spalten/
oder was ihr sonst begehret/ und solches nach der Kunst. Sie reden meyrentheils
alle Englisch/ Schwedisch/ Finnisch und Holländisch. Sie pflanzen wenig Toback/
auch nicht viel Indianisch Korn: Ihre Frauen sind gute Haußhalterinnen/ das
meiste Leinwand das sie tragen/ spinnen und weben sie selber. Nun wil ich euch ei-
unpartheyische Beschreibung des Landes geben/ wie ich es albier befunden habe.

Als wir erstlich in de la Ware Bay kamen/ haben wir unendlich viele kleine Fische mit Schelfen gesehen/ bißweilen auch grosse Fische/ welche im Wasser sprungen.
Diese Rivire de la Ware, ist eine so schöne und herrliche Riviere, wie man wün schen
kan zu sehen/ und gibt eine grosse Menge allerley Fische. Das Land der Revier de
la Ware nach/ ohngefehr 160. Englische Meilen von der See/ ist mehrentheils be-
pflanzet/ insonderheit an der seiten des Pensylvanien, wie auch an einigen Bächen/
bey Schweden/ Finnen und einigen Holländern/ unter welchen nun zum letzten die
Englischen sich eindringen/ und kauffen ihre Pflanzen von ihnen; Und also bekommen einige Plätze bey dem grossen Fluß/ andere bey den Bächen ein groß stück We-
ges/ und andere wohl 7. a 8. Meilen ferner nach dem Wald zu/ dergestalt/ das mehr-
rentheils alle Flüsse und Bäche bereits eingenommen sind.

Thomas Colburn ist drey Meilen/ (oder eine Stunde gehends) nach dem
Buschwerts zu wohnen gezogen/ und ist in guten Wollstande/ Er hat bereits bey nahe 14. Ackers Korn auf dem Lande stehen/ und hat bey seinem Handwerck wol 30. o-
der 40 Pfund Sterlings in dieser kurtzen Zeit gewonnen. Ich habe in einem Hau-
se/ für meine Haußgesinde/ diesen Winter über/ eingeheuret/ und ein klein Hauß
für meinen Knechten auff meinen Lande gebauet/ ich wohne auff der Schuylkil/ nicht
weit von Philadelphia, und habe ohngefehr 6 Acker Landes zubereitet. Ich kan mit
warheit sagen/ das Zeithero meinen Abzug von Bristol, ich mich nicht wiederumb dahin gewünschet habe. Einige Englische/ haben sich selbsten obenwerts des Wassers
fals gesetzet/ und haben dieses Jahr 40 a 50. Scheffel Weitzen gesäed/ (womit man
albier 14. a 16. Acker besäen kan) und haben darzu noch viel Viehe. Die Leute essen
hieselbst mehrentheils Rocken-Brodt/ nicht deßwegen/ das sie kein Weitzen haben/
sondern weil sie mehr von Rocken halten/ den man hat hier zweyerley Weitzen/
Winter-Weitzen/ den man in dem Nachjahr säet/ und Sommer-Weitzen/ welchen
man im Martio säet/ diese beyde meyet man im Junio, und alsdann pflüget man das
Land

Land wiederumb/und beſäet es mit Buchweitzen/ welches den wieder reiff iſt im September. Ich habe auch alhier ſo gut Brodt gegeſſen/und ſo gut Bier getruncken/ als ich nicht in Engelland gehabt habe/ man hat auch ſo gute Butter und Käſe/ als an den meiſten Oerthern in Engelland.

Das Korn iſt alhier auch nicht teuer/denn obwoll alhier dieſes Jahr woll 14. Schiffe mit frembden Leuten angekommen ſeyn/deßwegen die Lebens Mittel an einigen Oerthern etwas ſchwerlich zubekommen; dennoch ſo habe ich für dem beſten Weitzen niemals mehr gegeben/als 28. Stüver für einen Scheffel/ und ſolches gegen andern Wahren/welche nur wenig mehr als halb ſo viel in Engelland gekoſtet haben. Rocken 21. oder 22. Stüver ein Scheffel/ Garſten beydes Sommer und Winter Garſten/Habern und dreyerley Art Indianiſch Korn/wovon zweyerley Art ſeyn/ davon man gut Maltz kan machen/ und Bier davon brauen/gleichwie von Garſten für 4.Gülden der Scheffel. Das iſt /16. Stüver/ den ein Gülden allda/iſt 4. Stüver. Ich habe hier gut Ochſen/Schwein und Schaaff Fleiſch für zwey Stüver/ Und bißweilen geringer gekaufft/Calecuten und wilde Gänſe/das Stück für 2. à 3. Pfund Hagell/und Enten für 1. Pfund und ſolches überflüſſig.

Es iſt alhier ſehr viel Feder Wildbrät/ und man achtet es kaum der Mühe wehrt/auff wilde Tauben/Wollpen und Phaſanen einen Schuß zu thun. Ich bekomme das Wildbrät von den Indianern ſehr wollfeil/wiewoll ſie es vor dieſem an die Schweden nochmahl ſo woulfeil verkaufft und gegeben haben: Ich habe woll vier Hirſche gehabt/für drey Ellen Duffels/welche mir weniger als drey Gülden gekoſtet haben/ und für dem meiſten Theil bekomme ich noch beſſer Kauff. Wir haben mit dieſem Nachjahr Bähren Fleiſch für geringen Preiß und ſſaſt umbſonſt gehabt/welches gute Speiſe iſt/ und ſchmäcket faſt wie Ochſenfleiſch. Man hat hieſelbſt ohn längſt viele Pferde nach Barbados verkauffet/ von dannen wir einen überfluß Zucker/ braun Zucker und Syrup bekommen. Man hat alhier Garten und allerley Kräuter/ unter welchen etliche ſein eigene Kräuter die man in Engelland nicht hat/Kreutzborn/und Roſenſtauden/ hat man alhier und weiſſe Rüben/Knolen)Paſtinacken und Lauch/ welche die Engliſchen weit über treffen. Man hat alhier dreyerley Art Pferſichen/ in ſolcher Menge/ daß ich dieſelben auff der Erden habe verfaulen geſehen/alſo daß ſie die Schweine auffgefreſſen/ man diſtilliret doch einen guten ſpiritum darauß/ wie auch auß dem Korn/und auß den Kirſchen/ wilden Pflaumen/Trauben/worzu mehren theils alle Menſchen Küpfferne diſtillier-Keſſel haben. Apffeln und Birn von vielerley Art/ Kirſchen und Kriechen beydes ſchwartze und rothe/ Pflaumen/und Quetſchen/hat man genug/an etlichen Oertern traaen die Pferſichen Stein alle drey Jahr.

Die Wälder und Büſche ſind voll Eichen-Bäume ſehr hoch und gerade/ viele davon faſt zwey Fuß in der dicke/und etliche noch größer/aber viel die nicht ſo groß ſind. Ein Schw
. de kan zwölff von den größten in einem Tag niederhauen.

Alhier ſind ſchöne Poppel/Büchen/Eychen und Linden Bäume/Gummi Bäume/ Stichelbären/Saſſafras Bäume/ Kertanien-Bäume/ Haſelnüſſe und Maulbeer Bäume/ aber nicht viele Ceder oder Fichten Bäume. In den Büſchen wachſen viele Bickbeeren/ Erdbeeren und Brämen/ ſbeſſer als ſie in Engelland ſeyn/ auch dreyerley Trauben und Pflaumen. Alhier iſt ein überfluß guter Feuerſteinen über

aH

ſil/ und die Wälder ſind voll rumen. Ich habe neulich Saltz geſehen/daß ſehr gut war/ Fleiſch damit zu Saltzen/ welches auß den Wälderen und Büſchen eines Indianers gebracht wird/ und davon man ſagt/ daß da genug zu bekommen ſey. Aber was die Metallen anlanget/ ich habe keine allda geſehen/ als Marcaſit, Davon man in Engelland Vitriol oder Kupffer Waſſer machet.

Es ſind hier Biebers/ Raccounen/ Wölffe/ Bähren/ und ein art Löwen/ wilde Katzen/ Muſcus Katzen/ Elende/ Mucken und Eichhörner/ unterſchiedlicher Art/ und andere kleine Thiere/ aber dieſe thun keinen Schaden/es ſey dan daß ſie gejerret werden. Schwartze Schlange ſeyn auch da/ wie man ſagt/ und Schlangen mit Schellen/ aber ich habe noch keine Schlangen mit Schellen geſehen/ wiewol ich die Büſchen zeithero drey Monaten von September an gerechnet/ ſehr viel betreten und durchgeſuchet habe.

Die Indianer ſind ſehr ſtille/ und friedfertige Leute/ haben einen ſehr guten Verſtand/ und ſehr gute Arten/ außgenommen ſo man ihnen was zu wieder thut/ rächen ſie ſich es ſelbſt. Sie leben viel beſſer zeithero die Engliſche unter ihnen gekommen ſind/ welche die Sachen ſo ſie von nöthen haben/ von ihnen die helffte beſſer kauff bekommen; Viele von ihnen fangen auch an Engliſch zu ſprechen/ Ich habe einen unter ihnen ſagen hören/ ein Schwede iſt nicht gut/ ein Holländer iſt nicht gut (taugt nicht) aber ein Engelsmann iſt gut. Von denen Zeiten des Jahres kann ich wenig Schreiben/ aber ſo lange ich albier geweſen bin/ haben wir ein ſchön anmutig Wetter gehabt. Das Land iſt mehrentheils gut/ aber es iſt auch doch etwas da/ daß ſchlecht und mager Land iſt.

Albier ſind auch einige Thäler/ welche die Schweden hoch ſchätzen/und viele Leute müſſen entbehren. Zwey oder drey Menſchen die ich kenne haben ein ſtück Landes/ ſo einige hundert Acker groß/ angetroffen/ welches rein und ſauber iſt von allen Bäumen/ Strauchen und Wurtzelen/ darin man den Pflug ohne einige Verhinderniß ſetzen kann/ und je ferner man Landwerts gehet/ deſto mehr findet man ſolch Land; Es iſt albier auch gut Land/ voll groſſer und kleine Bäumen/ und einig gut Land/ darauff wenig Bäumen ſeyn.

Der Winter iſt ſtreng und ſehr müheſelig/ daß Viehe zu unterhalten. Die Leute welche anhero kommen/ müſſen Arbeiten können/ und einige Kändnüß der Land Sachen haben. Ich will ihnen auch rathen/ daß ſie ſich mit allerhand Proviant am Eſſen und Trincken zu ihrer bequemligkeit woll auff denen Schiffe verſehen/ alſo daß ſie ſich deſſen auch auff einige Zeit albier im Lande bedienen können/ den ob woll man alles genug auff den Rivieren für einen billigen Preiß bekommen kann/ ſo iſt es doch ferne und weit/ und man bringt zu viel Zeit zu es zu hohlen/ Gleichwoll iſt man doch bemühet und geſchäftig/ die Anordnung zu machen/daß alle Plätze können verſehen ſeyn.

Ich hette woll viel mehr zu Schreiben/ aber ich muß wegen Fürtze der Zeit abbrechen. Lebet woll.

Thomas Paſkell.

Penſylvania den 10. Februarij, 1683.